Les âmes sensibles

© 2024, Manon Hermet

Correction :

**Laurence Meynadier
Lucie Minola**

Tous droits réservés pour tous pays. Toute reproduction de ce livre, même partielle, par tout procédé, y compris la photocopie, est interdite.

Edition: BoD - Books on Demand, info@bod.fr
Impression : BoD - Books on Demand, In de Tarpen 42, Norderstedt (Allemagne)
Impression à la demande

ISBN: 978-2-3225-4317-5
Dépôt légal : Août 2024

Manon Hermet

Les âmes sensibles

Il est grand temps de rallumer les étoiles.

Guillaume Apollinaire

Remerciements

Je voudrais remercier tous ceux qui m'aiment et me soutiennent tous les jours de ma vie. Merci à ma famille, à mes amis les plus précieux ainsi qu'à ceux que j'ai aimés et qui m'ont beaucoup inspirée. Merci à Adrien. Mon ami, tu as toujours cru en moi.

Le pardon

Lorsque mon ciel s'assombrit mélancoliquement
Je repense souvent à nos magnifiques soirées
Et quand bien même je t'ai tout pardonné
Je ne désire plus atrocement souffrir comme avant.

Je sais intimement que tu as grandement évolué.
Ton regard n'est plus le même, ni ton cœur
Et lorsque j'observe le fond de ton âme qui était gelé
J'y retrouve de nouveau l'espoir et une agréable chaleur.

Pourtant je n'en peux plus, j'ai trop souffert,
Trop souffert de ton absence horriblement amère
Mais je garderai toujours au fond de mon être
Le souvenir de ce qu'il y a de meilleur en ton propre être.

Victoire

La désinvolture est faite de longs cheveux blonds.
Ses lèvres sont enduites d'un poison idyllique
Et mon âme s'incline devant sa fulgurante ascension
Au sein de mon cœur morcelé par des monstres
mythiques.

Victoire a l'amour au creux de ses mains
Et des larmes de joie aux coins de ses yeux.
Elle déambule dans les bars dansant jusqu'au
lendemain
Oubliant la crainte prisonnière de son être
mystérieux.

Toujours parfumée et teintée d'un rouge sanglant
Elle refuse élégamment la luxure d'un verre de
vinasse.
Voyant la vie tel un simple jeu pouvant être
remporté à coup d'As,
Elle ose défier les lois d'un monde sournois et
accablant.

Viendra-t-elle un jour déposer tendrement sur ma
joue
Un baiser qui éloignerait tous les démons qui
m'habitent ?
Et lorsque dissipées seront mes peurs du premier
rendez-vous
Je crierai Victoire afin que plus jamais son souvenir
ne me quitte.

Te dire oui

Victoire, mon amour aujourd'hui je te dis oui.
Je dis oui à nous et à nos aventures farfelues.
Dire oui à ton incroyable sourire qui d'un éclat si inouï
Fait chavirer mon cœur éperdument vaincu.

Ô mon amour je sens encore le parfum de nos regrets
Éparpillés dans d'autres chambres remplies de sombres secrets.
Tu dansais comme Salomé quand je séduisais Satan
Et lentement, j'avançais sur ce lac glacé où couraient mes amants.

Victoire, je t'ai laissée dans les ténèbres pendant trop longtemps.
Toi qui m'attendais mélancoliquement sur ce même banc
Là où tes larmes remplissaient un océan d'amour impossible
Pendant que je me blottissais dans d'autres bras insensibles.

Victoire je te dis oui pour l'éternité qu'il nous reste,
Celle qui j'espère, ne connaîtra plus cette intense pénombre.
Te dire oui avant que la folie m'envahisse de fond en comble
Et que je ne devienne poussière bien avant l'heure funeste.

Victoire il ne me reste encore que très peu d'hivers
Avant que ces démons impitoyables m'exterminent
Et que j'oublie tout jusqu'à tes yeux qui s'illuminent
Dans ton lit bordé de centaines de pétales de roses solaires.

Ô chérie crois-moi je ne suis pas celle que tu idéalises

Je suis rongée, émiettée, crucifiée sur tous les murs du Pandémonium
Et quand bien même tu diras m'aimer bien plus que l'opium
Je ne pourrai t'offrir entièrement que mon corps sous emprise.

Victoire aujourd'hui je te dis oui mais tu finiras par faner
Faner comme toutes ces fleurs rongées par le mal infâme,
Celui que je finirai par te faire en choisissant toujours ma liberté,
Celle de n'être fidèle qu'au diable qui habite mon âme.

Les nuits d'une demoiselle

Savez-vous de quels vices peut être éprise une demoiselle ?
Ô, de fantasmes détraqués qui lui feraient déployer ses ailes.

Celle-ci n'aimait point la solitude glaciale des nuits d'hiver
Et partageait son immense lit fait d'or et de pierres.

Or, elle n'en demeurait pas plus heureuse et vivante
Lorsque divers amants habitaient ses étoffes élégantes.

Femme drôlement libre et aliénée des temps modernes
Elle rêvait de grandes choses en s'abreuvant de Sauternes.

La nuit était son sadique terrain de divertissements
Où s'exprimait son corps mort et son cœur tendrement absent

Au travers de chaudes étreintes sauvagement habiles
Et la haine aux coins de son âme s'évaporait dans la ville.

Allègrement vôtre, démentiellement mienne

Un jour survint où toutes les étoiles se mirent à hurler
De peur de voir éclore le chaos dans les cœurs
De parfaits inconnus curieusement destructeurs
Sublimant ainsi la douce chaleur d'une nuit d'été.

Un jour arriva où le temps embarqua les souvenirs
Des nuits interminablement sauvages d'âmes insatiables,
Insatiables de découvertes torrides qui feraient frémir
Quiconque oserait s'aventurer dans la chambre du Diable.

Soyez en sûr ! il n'existe aucune résistance au plaisir charnel
Lorsque tous les démons d'une âme sont réunis
Dans l'Enfer paradisiaque d'un cœur meurtri
Par le sang qui ment d'un amour cruellement artificiel.

Ô, maintient mon corps avec ta perversion la plus profonde
Me voilà faite toute prisonnière d'un monde rempli de vices.
Plonge ton regard frigide dans mes yeux perçants immondes
Et plus aucun doute, je ne serai qu'un amas de cicatrices.

Ce soir, un corps abîmé par les coups sinistres du sadisme
Déambule dans les impudents couloirs de la Mort
Où règne l'ombre cynique d'un profond dualisme
Et sur le sol d'innombrables habits font partis du décor.

Une folie déterrée du cimetière de l'imprudente innocence
Ne s'estompera point sans avoir la force d'abattre
La passion meurtrière irréfutablement causée par l'absence
D'un autre corps satisfaisant parfaitement le sien albâtre.

Lui, il est de ceux qui transpercent les esprits qui suffoquent
Pouvant les marquer indéfiniment de lourdes incertitudes
Et rendant les ébauches d'un paysage idyllique loufoque.
Ô, il est de ceux qui osent détruire vos vies de lassitude.

Croyez-moi ! Ma vengeance paraîtra glacialement lâche
Lorsque qu'accro sera le bourreau de mon corps sans attache.
La chute de cette histoire macabre sera glorieuse !
Ô, mais pourrai-je enfin être exorcisée de ces conduites hideuses ?

Le hurlement des âmes

Au fin fond d'un petit village aussi verdoyant qu'humide
Se dresse une charmante petite maison mitoyenne
Où les murs racontent des histoires bien sordides.

Ici, les escaliers se tordent étrangement de peine
Et les corps fragiles les dévalent à toute vitesse
Devant les yeux de petits esprits faits de tristesse.

Ici, le rouge coule à flots dans les verres anxieux,
La crainte règne au sein des cœurs matraqués d'horreur
Et les injures résonnent jusque dans les Cieux.

Ici, de minuscules âmes sensibles hurlent au démon empereur
De ne plus martyriser la reine angélique du paradis
Et des perles de sang glissent sur leurs joues de malheur.

Ici, les petites âmes se recroquevillent sous les lits,
Les coups de tonnerre retentissent à travers les étages
Et les dieux font le deuil des dernières lueurs d'espoirs sauvages.

Bien sûr, ces souvenirs hanteront les consciences à vie,
Les braves petites âmes ont courageusement avancé
Mais leurs forts intérieurs resteront éternellement glacés.

Tête de nœud

Au creux de tes rassurants bras,
Allongés dans les soyeux draps
Mon cœur bat, semble éprouver
De tendres sentiments enflammés

Une passion affectueusement dévastatrice
Et moi, spectatrice d'un enfer paradisiaque.
Cette relation n'était qu'un caprice,
Caprice d'un cœur élégiaque.

Des mois, des années dans le flou
Sans pour autant se comprendre
Mon cœur décimé, en cendres
Et mon âme, fendue, sensible, à bout

Des moments difficilement acceptables,
Des moments joyeusement agréables
Et dans ma résilience tendrement enivrée
Je te pardonne de m'avoir autant brisée

Et dans tout cet atroce calvaire infini
Dans mon avancée, je me pardonne aussi
D'avoir pu te faire ressentir de la peine
Et te demande pardon si aujourd'hui encore, tu saignes

Tête de nœud fût ma plus belle et ma plus triste histoire.
Elle n'était pas comme ces histoires des autres, parfaites, toutes tracées
Mais plutôt de celles qui font prendre conscience, évoluer
Puis se dire qu'on mérite mieux qu'une histoire de plusieurs soirs.

Histoire de plusieurs soirs qui ne s'est jamais transformée en amour,

Non, pour lui, aucun sentiment ne valait le détour
Puis un beau jour, une dernière lettre déposée sur son lit
Et plus jamais de nouvelle de cet amour non réciproque bel et bien fini.

La Tente

Je suis coincée dans un étrange monde
Où les gens ne sont que des monstres immondes
Coincée avec ces gens qui ne ressemblent pas à leurs propres toiles,
Menteurs, alcoolisés et drogués jusqu'à la moelle.
Un monde où l'amitié ne devient que poussière
Où plus personne ne remarque volontairement votre mal-être.
Je suis bloquée avec mes immenses angoisses
Et j'ai tellement peur dans cette paroisse.
Je suis mortifiée dans cette putain de tente
Où les secondes me paraissent des décennies, si lentes.
J'ai vraiment froid et j'ai envie de crever
Pourtant personne ne vient m'aider.
Et j'espère, j'espère qu'ils viennent me sortir de là
Que quelqu'un se rende compte que ça ne va pas.
Des heures que je m'étouffe lentement dans cette tente
Écoutant les atrocités de ces personnes méchantes
Et puis après une longue nuit d'enfer
Une lueur d'espoir lorsque surgit ce soleil de fer.
Enfin, le retour à la maison, le retour à la sécurité.
Plus jamais je ne me laisserai faire, je n'aurai plus de pitié.
Plus de pitié pour absolument personne.
Jusqu'à ce que ma propre mort sonne.

Idées Noires

Transperçant les êtres déjà en cendres
Les idées noires ne font que descendre
Dans les abysses des âmes sensibles
Et plus rien dans ce monde ne semble paisible.

La lumière s'éteint doucement dans les cœurs
De ceux qui ont malheureusement vécu l'horreur
Et dans ce supplice interminable de la dépression
Certains appuieront sur la détente sans pression.

L'envie se perd dans les recoins les plus sombres.
Nous ne suivons plus que nos simples ombres
En espérant un jour retrouver le chemin de la lumière
Et ne plus souffrir de cette guerre intérieure en Enfer.

Hymne à la passion

L'obscurité de la nuit paraît si cruelle
Dès l'instant où tes baisers sadiquement doux
Parcourent mon corps tremblant et frêle.

La sinistre mélancolie du temps rendrait fou
Quiconque serait dépendant de la passion
Et marquerait les lits avec tant d'agitations.

Gloire à la passion qui transperce et hante
Les cœurs sinistrement brisés par l'infâme fatalité
De cette divine comédie rudement attrayante.

Quel supplice que peut être cette addiction tiraillée !
Le sevrage de l'engouement n'en est pas moins vicieux
Et nos pires fantasmes tordus demeureront ambitieux.

Ultime étoile

Ô étoile scintillante dans les cieux
Éblouissant les âmes déchues,
Gardant toujours cet espoir inattendu.
Quand accepteras-tu mon Adieu ?

Toi qui vis ancrée en mon âme brisée,
Grande admiratrice de notre Lune abîmée,
Amante de notre galaxie reine.
Ne vois-tu donc pas toute cette peine ?

Chère amie vivant parmi l'infiniment grand,
Permets-moi de m'envoler une dernière fois.
Laisse-moi atteindre cet endroit apaisant
Où la lumière chasse tous nos désarrois.

Ma sœur, Ô ma sœur au vaste cœur d'or,
Pourquoi ne veux-tu donc pas de moi là-haut ?
Le temps me rattrape tel un météore
Et je ne serai tantôt que poussière d'eau.

Tendre alliée enfouie au sein d'un trou noir immense,
Je m'en remets à toi dans toute ta splendeur.
Je ne veux plus jamais avoir peur.
Ne me laisse point sombrer dans cette déchéance.

Ultime étoile de ma destinée accablante,
N'attends pas que je sois entièrement ternie
Pour me guider de manière charmante
Dans ce long périple jusqu'au Paradis.

Ivresse automnale

Un soir où la lune éblouissait le ciel
Et parfumait le temps de tendresse,
J'arpentais ces rues confidentielles
Pour retrouver ton être déjà dans l'ivresse.

Un soir où le vent était en colère,
Les réverbères éblouissaient
L'obscurité amèrement passagère
Et ta présence apaisante m'égayait.

Un soir d'automne où l'alcool était doux
Une surprise étonnante fût au rendez-vous
Lorsque tu m'embrassas tendrement
Emportant avec toi mes sentiments naissants.

Les bonshommes de papier

Haut les cœurs, soyez enflammés !
N'oubliez point votre désinvolture.
Ici, nos chers compagnons abîmés
Rampent au sol telles des raclures

Chers amis chantez, criez au désespoir !
La nuit ne porte guère grands conseils
A ceux qui souffrent d'idées noires.
Ne vous éteignez point dans votre sommeil.

L'encre coule à flot comme le sang
Et sur la feuille de guerre s'abattent
Ces bonshommes de papier fuyant
L'animosité des Hommes primates.

La plume qui saigne

Ma plume saigne lorsque je songe à ton âme,
Elle m'arrache une sublime mélancolie infâme.
L'hiver a depuis longtemps envahi mon cœur
Laissant sur mes lèvres un léger goût de liqueur

Ma plume saigne quand l'absence de ton amour m'anéantit.
Elle continue de creuser mon être bien plus qu'inanimé.
Au sein de mes rêves les plus profonds et adoucis
Se glisse ton spectre tel un fantôme de mon passé.

Ma plume saigne pour t'écrire ces vers asthéniques.
Tu as disparu depuis si longtemps emportant avec toi
Les éclats merveilleux de ma vie remplie d'émois.
Reviens et montre-moi à quel point celle-ci peut être magnifique.

J'entends les anges.

J'entends les anges pleurer dans les abîmes.
Traversant cette brume épaisse et sans fin,
Je m'éloigne dans l'obscurité glaçante du crime.
Je les entends, Ô combien sont-ils, combien ?

Au loin apparaissent des lumières très légères.
Avançant le cœur lourd et torturé
Et ne regardant point en arrière,
Je vis défiler les durs moments de ma vie hantée.

J'entends les anges fredonner dans les profondeurs sinistres.
Ce ne sont point des anges bienveillants.
Jouant de douces mélodies avec leurs cistres,
Ils m'attirent doucement dans les bas-fonds du néant.

J'entends au loin les anges crier de peur.
Qu'adviendra-t-il de mon âme nécrosée et perdue ?
Ô espoir, viendras-tu me sauver à la bonne heure ?
J'entends les anges rire mais je n'existe plus.

Mon cœur s'est éteint il y a bien longtemps de cela.
J'errerai dorénavant aux côtés de Lucifer,
Bloquée à jamais dans cet au-delà
Que les grands Sages appellent l'Enfer.

La feuille morte

De sa renaissance au printemps
Jusqu'à sa mort en automne
La feuille traverse le temps
Et les couleurs monotones

Sensibilité d'un cœur brisé
La fine pluie sur la chaussée
L'odeur d'une vie éteinte
La feuille meurt sans plainte

Elle ne pleure pas la vie
Ni les anges déchus
Elle se contente dans son infini
D'évincer ses sentiments nus

Le Réverbère

Au bout d'une rue à l'ambiance maussade, se trouve un réverbère. Comme on pourrait voir un cerisier dans un champ de roses accueillantes, il se dresse dans la rue telle une immense tour d'argent. Dans la nuit aveuglante, grâce à sa silhouette, fine et raffinée, il éclaire de ses feux ardents les âmes s'envolant dans les cieux et rejoignant les étoiles déjà éteintes depuis plus de mille ans.
Au petit matin, lorsque la brise fraîche caresse sa carapace abimée par le temps, les feux ardents s'éteignent doucement laissant place à la lumière naturelle d'une autre journée ordinaire. C'est ainsi que le réverbère, seul, au bout d'une rue, réchauffe les cœurs des âmes errantes, et chaque matin, se laisse emporter dans les bras de Morphée.

A nos jours heureux

J'adresse ces paroles ivres
A ces jours qui embellissent la nuit
Malgré la haine qui fait vivre,
Toute cette mélancolie m'ennuie

Je crie ces paroles de velours
A ces jours qui font rêver
Et à la joie de nos amours
Qui fait trembler nos cœurs inanimés

J'étouffe les paroles légères
De ces jours malheureux
Et j'envoie cette lettre de misère
A nos jours heureux

Fougères

Des allures de verdure
Arborescentes et majestueuses
Les vieilles Filicophytes perdurent
Dans les grandes forêts mousseuses

Leurs verdoyantes et vastes frondes
Sont les astucieux repères
De petits insectes qui vagabondent
Évitant les impétueux mammifères

Les immenses forêts tropicales
En associant chaleur, obscurité et humidité
Permettent alors aux fougères impériales
De former des fougeraies avec assiduité

Abandon

Abandon malsain du matin
Sans adieux ni câlins
La lourde porte claque
Elle est toujours insomniaque

Abandon trahissant du dîner
Un vieux bouquet de fleurs fanées
Seule la solitude est présente
Elle est pâle et croupissante

Abandon meurtrier du soir
Un regard obscur dans le miroir
Les draps flottants dans le lit
Elle est dénudée et sans vie

Une nuit d'été

J'avais souvent rêvé de cette longue nuit d'été, de ces étoiles qui dessinaient majestueusement des formes plus couramment nommées constellations.
Il m'arrivait parfois, de penser à nos yeux éblouis qui pleurant sous une multitude d'âmes endormies confessent les regrets tant enfouis.
A nos cœurs décimés par la foudre, brisés par les mœurs.

La pluie battante à l'intérieur de mon cœur, je m'égarais dans la douce pénombre du crépuscule.
Le ciel était d'une clarté admirable, on pouvait alors distinguer les étoiles flamboyantes.
J'allumais une cigarette près des quais.
Traversant les impasses avec rancœur, je songeais à nos nuits endiablées et les cendres d'un amour devenu poussière.

J'attendais que tu m'embrasses encore sous la pluie, tes bras autour des mon corps si fragile à tes côtés.
Pourtant, ce soir-là, tu ne l'as pas fait.
Tu es parti tel un voyageur du temps emportant avec toi tous les seuls souvenirs qu'il me restait.
Seule dans la ville une nuit d'été, divaguant dans les petites ruelles, je ne pus m'empêcher de laisser couler mes larmes de sang.

Un dimanche matin sur la planète

Dehors, là où chantaient gaiement les oiseaux du matin,
Se trouvait un chêne aux majestueuses branches.
Et toi, mystérieuse, tu marchais là où les regrets sont assassins,
Ton visage ébranlé par la sombre revanche.
L'herbe, soyeuse s'étendait dans ta campagne familière.
Les étroits chemins cachés dans le creux de la montagne
Laissaient entrevoir au travers des épicéas, une clairière :
Un havre de paix où la nature gagne.

Un dimanche matin sur la planète du paraître,
Les gens souriaient discrètement à leurs amours perdus ;
Éphémère douleur tentant de disparaître sans se soumettre
A ces désirs ardents qui resteront tout simplement inconnus.
Un malheureux ruisseau traversait ce village campagnard patriotique.
Dans les rues, les pavés usés par le temps portaient sur eux les flammes de l'Enfer amniotique.
De vieilles bâtisses se dressaient de manière parfaitement géométrique.
Deux sombres réverbères, souillés par la rouille bordaient l'entrée du vieux parc de la mairie symbolique.

Un dimanche matin sur la planète terre,
Les vieillards prenaient leur café dans le petit bistrot du coin de la rue.
Et toi, invisible, tu avançais machinalement vers l'ancienne église du Père.
Les larmes coulaient sur ton visage sinistre et déçu.

Les gosses couraient vers la boulangerie pour acheter des friandises amères.
Leur innocence effleurait les cœurs insolents des amants déchus.
Préparés depuis tôt dans la matinée par les mères,
Les croissants cuisaient dans les fourneaux bossus.

Un dimanche Matin sur la planète bleue,
Tu montais ces grands escaliers rocambolesques.
Lumières tamisées par la pâleur de la poussière des Dieux,
Une étrange ambiance régnait dans cette église sans fenêtres.
Un sentiment de peur s'installait dans ton esprit impétueux.
Et sans reconnaître ce nouveau chemin champêtre,
Tu t'envolais dans ce tunnel interminable vers un monde monstrueux.
Là où les âmes survolent les couloirs déserts et funèbres des Ténèbres.

Guerrière

La beauté de ton âme reflètera ton espoir.
Pourtant, tu devras révéler ta double identité dans le miroir.
L'obscurité du passé est meurtrière.
Surveille tes arrières, jolie guerrière.

Ne te réveille pas en Enfer.
Car là-bas déambulent les âmes déchues,
Condamnées à errer à jamais dans cette horreur absolue.
Ne provoque point les flammes mortifères.

Ton combat sera celui de la sagesse :
Celui qui n'autorise pas la paresse
Et dans ton cœur rayonnera un immense amour,
Amour qui illuminera les jours sombres pour toujours.

L'Assassin

L'assassin de son cœur a pris la fuite.
Brisée, ensanglantée elle rampait sur le plancher.
Sa main gelée tremblait : elle ne connaîtra pas la suite.
Cette marre de sang renfermait ses sentiments cachés.

L'assassin de son cœur lui vola ses rêves.
Réduite en poussière elle ne songeait plus à vivre.
Se battre pour un amour qui n'avait pas de trêve,
Non, elle n'en pouvait plus de ces jours ivres.

L'assassin de son cœur ne reviendra plus.
Les années passaient à la vitesse de la lumière,
Il avait pris son cœur, son âme mais il ne l'avait pas abattue.
Elle savait qu'elle devait surmonter ces barrières.

Émotionnellement parlant

Je m'octroie ces moments de solitude
Là où la noirceur monte en altitude
Dans le noir mes idées claires brillent tel un éclair
épris de colère

Amour perdu à jamais dans les abîmes
Brûle dans mon cœur comme un flambeau
Mes sentiments devenus infiniment infimes
S'envolent dans le ciel tels des corbeaux

La beauté de ton âme m'emprisonne
Dans un paysage d'automne
Et au travers de mes pensées seules
Je me prépare à faire le deuil

Inconscience de mon cœur
Blesser par les erreurs
Incompétence de mon être
Je me verrai renaître

M'entends-tu ?

M'entends-tu crier le soir
Mon amour et mon désespoir
A travers mon jolie sourire
Je me vois doucement mourir

M'entends-tu crier aux cieux
Là où les étoiles brillent de mille feux
Et dans cet espace infini
Je perds lentement ma douce vie

La Passion

J'ai rencontré la passion,
Aussi exceptionnelle qu'impuissante,
Elle m'a emportée dans une illusion
Merveilleusement étincelante.

J'ai aimé la passion si fort
Que mes lèvres l'admirent
Je l'ai laissée atteindre encore
Mon cœur qui veut seulement vivre.

J'ai promis à la passion
Que mon ombre ne se cachera pas
Dans un monde rempli de pression
Et que mon âme s'éveillera.

Je ne t'aime plus

Je t'ai tout le temps aimé,
Dans la nuit ou dans le jour
Tu embellissais mes journées
Aussi triste que mon amour

Le temps file et tu doutes
Tu souffres mais tu n'oublies pas
Ces moments où des milliards d'étoiles écoutent
Ces âmes qui hurlent au loup alpha

Je ne t'aime plus comme avant
Mes sentiments se sont évaporés
Devenus poussière dans le ciel où le soleil se couchant
Fait disparaître avec lui mon cœur abîmé

Sourire

Je souris à la mort comme on sourit aux gens dans la rue
Chaque étincelle me rappelle que je me suis perdue
Dans ce monde qui me coutera la vie

Tu m'as laissée dans le doute
Sans comprendre pourquoi
Pendant que le temps trace sa route
Je m'épuise à travers le désarroi

Le temps effacera cette nuit
Où je me sentis éternelle
J'avais envie de vivre cette vie
Où tout était essentiel.

Syndrome

Quelle est cette sensation qui envahit mon corps ?
Elle ne me fait ni du bien, ni du mal
Je tiens cette fleur noire comme la mort.
Une lumière blanche anormale,
Illumine mes yeux comme un météore
Je me sens légère et bancale.

Je voyage à travers le temps infini,
Je flotte dans ce ciel sublime,
Je sens sur mon visage pâle les fraîches gouttes de pluie.
Je sens ce chaleureux air maritime,
Je suis si affaiblie,
Ce sera mon combat ultime.

Quelle est cette étrange maladie qui m'abrite ?
Mes jambes semblent s'alourdir.
Les larmes de sang s'invitent ;
Que va-t-il advenir ?
Je me réveille sur cette planète insolite
Atteinte du Syndrome de la mélancolie encore à définir.

La Goutte

Glissant rapidement sur la fenêtre
Elle enjolive mes journées tristes
Transparente, elle n'a pas d'autre choix que d'être
Exister parmi tant d'autres gouttes irréalistes

Marchant sous une pluie d'été
Éclairée par la lueur d'un réverbère
La Lune se dessine dans l'ombre de la soirée
La goutte se reflète sur la flaque grâce à la lumière.

Mélancolie d'une vie

Autour de son cou si frigide
Il enroule cette corde si douce
De ses sentiments il se vide

Enfonçant cette lame dans son poignet
Le sang coule le long de ses doigts
Créant une flaque sur le parquet

Des pilules blanches sur une table,
L'amour d'une clope coupable,
L'odeur de l'alcool dans un salon,
La vue sublime du haut d'un pont

Un couteau sous l'oreiller,
Un pistolet pour oublier,
Des coups de marteau dans les murs ;
Ce sera une belle aventure.

La Larme

Elle appartient aux moments de tristesse ou de joie mais ne survient jamais sans raison. Elle coule le long de notre joue, descend jusqu'à nos lèvres, notre menton et est éprise d'un léger goût salé. Faite de diamants la larme est l'une des plus belles choses, elle est comme un fragment de l'océan, comme une pluie chaude d'été, elle nous soulage toujours de nos malheurs et bonheurs.

Océan

Je me perds dans tes yeux
Là où on peut y voir un océan
Au loin le soleil merveilleux
Éclaire doucement le néant

Un sublime rayon de lumière
Suffit pour que tout parte en poussière
Les vagues dansent lentement
Et la nature s'éveille vivement

Je vois dans tes yeux les larmes
Cette peine qui recouvre ton âme
Souvent caché derrière un masque
L'océan se réveille et t'embarque.

Les gens heureux

Les gens heureux rient,
Les gens heureux aiment,
Les gens heureux sourient.
Les gens heureux miment.
Ils vivent dans un monde dépourvu du moindre malheur.
La vérité se cachant dans des recoins immondes,
Laisse place au mensonge et a la sueur.
Les gens heureux ignorent,
Ils ne voient pas le mal,
Ils ne veulent pas voir la mort,
L'ignorance est leur remède fatal.
Dans un monde parallèle,
Les gens heureux pleurent,
Les gens heureux souffrent,
Les gens heureux meurent,
Les gens heureux endurent.

A la lueur

Seule dans la nuit
Elle enflamme les âmes.
A la lueur d'une bougie
J'écris ces vers à travers les flammes
D'un enfer scintillant de bonheur.
Dans cet enfer si doux,
La mort est toujours à l'heure.
Elle emporte les esprits à bout
S'éloignant dans ce tunnel aimant.
A la lueur d'une bougie sombre
J'écris ces vers à travers le néant.
Au petit matin il restera seulement mon ombre.

Tendance psychotique

Elles fleurissent dans mes pensées,
Maléfiques, elles écorchent mon âme.
Les fleurs du mal parfumées,
Hantent mes nuits calmes.
Cette partie joyeuse en moi,
S'enfonce dans le triste néant.
Mon cœur anéanti par le désarroi
Crève dans un silence envahissant.

Le Manque

Ton cœur était comme une lueur ;
A travers l'amertume des jours sombres
Tu es partie emportant ton ombre ;
Laissant mon âme baigner dans le malheur

Tu étais tout ce que j'avais de bien
Dans cet endroit si minable
Ou je n'étais strictement rien
Tu es simplement aimable

Mon cœur a pris un coup
Écrasé par cette peine
Envahie par la haine
Mon esprit rempli de trous

Tu me manques mon amie
Ta présence si rassurante
Parmi tant d'autres insignifiantes
Avait comblé ce vide dans ma vie

Lumière Éclairée

Par-delà les océans
Et à travers le néant
La beauté de la lumière
Appartient à la Terre

On y voit des chrysanthèmes reines
Dans les cimetières de peine
Et dans les yeux du paradis
Se dessine l'Enfer de la vie

Jour et nuit les danses endiablées
Font périr sous de dures épées
Ces corps immobiles de chaire
Face à l'horreur et la misère

Dans les villes aveuglées
Le pouvoir de la dureté
Joue avec la criminalité
De cette jeunesse enflammée

Dans les maisons d'États
On y voit les ivres débats
Dans des enfers politiques
Des Hommes font polémique

De belles paroles éphémères
Transforment le monde en guerre
La soif de pouvoir et la richesse
Font de ces Hommes la tristesse

Notre douce Liberté disparue
Partie dans ce monde inconnu
Notre société égarée
A travers des pensées inanimées.

Dépendance

Obligatoire pour le sommeil
Psychotrope d'enfer
Invité de mes nuits vermeilles
Ultime solution amère
Mon esprit s'évade jusqu'au réveil.

Xénobiotique, il s'infiltre dans mon corps
Abilify mon doux et fidèle ami
Neuroleptique atypique en or
Amoureux d'une gentille maladie
Xéplion du soir, tu traînes dehors.

Traînant dans les rues la nuit
Allumant une cigarette roulée
Brulante elle repose mon esprit
Attentif à cette douce fumée
Charmante jusqu'à la maladie

La Comptine du piano

Afin de partager un joli air
Et de partir en balade,
Les mains du pianiste gambadent,
Sur des touches d'ombre et de lumière.
A travers cette douce chaleur,
Se propage une mélodie calme,
Traversant montagnes et flammes,
Éloignant lentement le malheur.
Le pianiste lui seul fait rugir les émotions,
Jouant aisément avec les sons
D'un piano aux sentiments fous, Il propage l'amour partout.
Maniant grâce et éloquence,
Il embrasse les notes,
Sublimant avec confiance,
La comptine de nos compatriotes.

Papillon noir

Bats des ailes dans les cieux
Cette élégance hors paire
À travers le brouillard honteux
Ce sentiment d'amertume dans l'atmosphère
Se perd en ces lieux mystérieux

Bats des ailes contre le vent
Le chemin est encore long
Traversant ces feux ardents
La paix est visible à l'horizon
Et le reflet du Soleil sur l'océan

Bats des ailes dans ce cosmos morose
Le voyage s'achève bientôt
Cette douce sensation d'osmose
Ces majestueux concertos
Petit Papillon noir se métamorphose
Sur un léger air de piano.

Éprise d'amour

Croiser ton regard
Animé de braises
À tous ces rencards
Ils me bouleversent

Ta main dans mes cheveux
Tes lèvres contre les miennes
Tes mots amoureux
Je serai tienne

Ton corps contre le mien
Je n'ai plus peur
De ce monde de comédiens
Tu es mon bonheur

Noirceur du crime

Elle a vendu son âme au Diable
Cette haine remplie son cœur de joie
Il a réveillé cette haine instable
Elle n'a pas d'autre choix
Elle va lui faire payer ses actes minables
Il connaîtra le désarroi et l'effroi

Elle a vendu son âme à Lucifer
Son corps tout entier n'est que morceaux
Il a transpercé son cœur avec une lame de fer
Il l'a détruit à coup de marteau
Et devant les portes de l'enfer
Elle se délaisse de tous ces maux
Pour que cet enfer, l'accueil à bras ouvert

Elle s'est perdue dans le Pandémonium
Elle s'est arrachée les bras
Et son sang composé d'opium, coule sur ce podium
fait de béryllium
Elle s'est recouverte d'un drap
Celui d'un sanatorium
Là où les âmes déchues servent d'appât
À ces bêtes milleniums

Elle a perdu sa peine sur la rive du Styx
Elle y a laissé son esprit en miette
Un autre monde où verser des larmes de phénix
Et ses souvenirs aux oubliettes
Ces dix milles yeux la fixent

Elle s'enfonce dans les abîmes
Cette descente en enfer est son seul bonheur
Elle sera son ultime victime
À travers le néant et la noirceur
Elle vengera ce crime
Qui a fait son malheur.

L'étincelle de ma vie

Elle est comme une étoile à mes yeux,
Celle qui brille le plus haut dans les cieux
Et lorsque ma vie sombre au plus bas,
Elle m'arrache de cet enfer où je combats.

Elle est une lueur d'espoir dans mon histoire,
Me rappelant toujours que la vie est splendide
Et me sortant de mon grand désespoir.
L'étincelle de ma vie n'est pas anodine.

L'amitié

Lorsque tout est sombre autour
Et que nos lueurs d'espoir s'évaporent
Il nous reste une étincelle remplie d'amour,
De bienveillance et de particules d'or.

L'amitié sauve les cœurs de ceux
Qui ne croient plus en la vie
Et qui, dans leurs enfers infinis,
Espèrent ne plus jamais dire adieu.

Les A

Mon Dieu qu'elle était belle
Lorsqu'elle flirtait avec le ciel
Ses cheveux bruns dans le vent
Un rouge à lèvres sanglant.

Elle me regardait avec ardeur
Son cœur rempli de rancœur.
Elle était belle avec sa haine
Sans comprendre que j'étais en peine.

Elle était importante à mes yeux
Mais elle les a habillés de larmes
Jusqu'à ce que je prenne les armes
Et que je parte loin de ce lieu.

Non ! Je ne veux plus la revoir.
Aussi belle qu'elle puisse être
Elle ne regagnera plus mon cœur d'ivoire.
Croyez-moi ! L'amitié n'est pas prête de renaître.

Aux encres les amours

Aux encres les amours qui se sauvent
A travers les vagues de l'océan
Là où naviguent les bateaux d'argent

Aux encres les amours qui tuent
Nos cœurs meurtris en Enfer
Et nos esprits pleins de vertus

Aux encres les amours vagabonds
Je ne souffrirai plus d'un amour
Qui n'est point réciproque et bon.

Madame Lisa

Madame Lisa a lentement souffert
D'une longue et torturante solitude.
Elle ne connait plus la plénitude.
Noyée dans ses plus beaux verres
Elle ne craint guère sa finitude
Et le vin coule à flot telle une rivière.
Elle ne veut plus vivre cette vie pleine de guerre
Et son plus grand rêve est de monter en altitude
Trouvera-t-elle un jour la lumière ?

Le corbeau

Mais que fait cet oiseau sombre à ma fenêtre ?
Ses grands yeux me fixent ardemment
N'est-il pas l'oiseau des cimetières ?
Là où les corps s'entassent complètement
Là où la mort fait des ravages
Et nos esprits ne sont que mirages
M'apporte-t-il un message de l'au-delà ?

Hardrock

Les amplis rugissent au son des guitares
Les têtes se secouent dans tous les sens
Les bières embellissent les bars
Une chose est certaine : je suis en Enfer
Mais pas n'importe lequel
Un enfer paradisiaque où la musique sauve ma vie
Ici nous sommes tous du même avis.
Les groupes s'enchaînent et se déchaînent
Au rythme des basses australiennes
Plus de peine, plus de haine
Tous ensemble dans l'amour infini.
Nous prenons l'autoroute vers l'Enfer.

MIXTE
Papier issu de sources responsables
Paper from responsible sources
FSC® C105338